AF410995

MANUEL PRATIQUE

SUR

LE SPIRAL RÉGLANT

DES CHRONOMÈTRES ET DES MONTRES.

Paris. — Imprimé par E. Turner et Ce, rue Racine, 26.

MANUEL PRATIQUE

SUR LE

SPIRAL RÉGLANT

DES CHRONOMÈTRES

ET DES MONTRES

PAR

M. PHILLIPS,

Ingénieur des Mines, professeur de Mécanique à l'École Centrale.

———×◦×◦×———

PARIS

DUNOD, ÉDITEUR

SUCCESSEUR DE V^{or} DALMONT

Précédemment Carilian-Gœury et V^{or} Dalmont

LIBRAIRE DES CORPS IMPÉRIAUX DES PONTS ET CHAUSSÉES ET DES MINES

Quai des Augustins, 49

1865

MANUEL PRATIQUE

SUR

LE SPIRAL RÉGLANT

DES CHRONOMÈTRES ET DES MONTRES.

But du Manuel. — L'objet de ce recueil est de présenter, spécialement pour les personnes adonnées à la pratique, un exposé succinct des principaux faits auxquels je suis parvenu dans un mémoire antérieur sur ce sujet. J'ai supprimé ici toutes les démonstrations afin de ne pas m'éloigner du caractère de la publication actuelle, et d'ailleurs les personnes qui désireraient les connaître peuvent recourir au travail que je viens de rappeler et qui est publié dans les *Annales des Mines* (tome XIX, 1861), dans le *Journal de Mathématiques* de M. Liouville (septembre et octobre 1860) ainsi que dans le tome XVIII du *Recueil des savants étrangers de l'Académie des sciences*.

1.

Notions préliminaires. — Il m'a semblé utile de commencer par présenter quelques explications préliminaires sur certaines quantités qui entrent dans les résultats principaux, et qu'il est indispensable de connaître à ceux des lecteurs auxquels la science de la mécanique pourrait n'être pas familière.

Moment d'inertie. — Le moment d'inertie d'un corps assujetti à tourner autour d'un axe fixe est, à proprement parler, le résultat que l'on obtiendrait en multipliant le poids de chacune des parties infiniment petites qui le composent par le quarré de la distance correspondante de cette même partie à l'axe, ajoutant tous ces produits et divisant le tout par le nombre 9.80896. Il existe des formules, en général fort simples, pour calculer, d'un seul coup, ce résultat définitif, dans les différents cas qui peuvent se présenter. Disons tout de suite que, pour un balancier par exemple, si la matière qui le compose est presque entièrement répartie sur sa circonférence, on aura d'une manière très-approchée

$$(1) \qquad \Lambda = \frac{P \times r^2}{g}.$$

Dans cette formule, Λ est le moment d'inertie;

P, le poids du balancier;

r, son rayon;

g, ou la gravité, doit être remplacé par le nombre 9.80896.

Ainsi il suffira de multiplier le poids du balancier

par le quarré de son rayon et de diviser le produit par 9.80896, et le résultat sera très-approximativement la valeur de A, c'est-à-dire du moment d'inertie.

Seulement il faut faire attention que P doit être évalué par rapport au kilogramme pris pour unité, et r par rapport au mètre pris pour unité.

Ainsi supposons qu'un balancier, ayant sa matière presque entièrement rassemblée sur sa circonférence, pèse 7 grammes et ait un diamètre de 20 millimètres. On aurait

$$A = \frac{0.007 \times (0.01)^2}{9.80896},$$

ou environ

$$A = 0,0000000714.$$

Moment d'élasticité. — On appelle ainsi, dans la théorie de la résistance des corps solides, une quantité qui s'applique spécialement aux substances allongées, qui ont une section transversale uniforme, comme par exemple un fil de spiral, dont la section transversale est la même en tous les points. Ce moment d'élasticité se mesure en faisant le produit de deux quantités. La première est ce qu'on nomme le coefficient d'élasticité : on le désigne ordinairement par la lettre E. Sa valeur dépend uniquement de la substance qui forme le fil : si c'est de l'acier ou du fer, on peut prendre approximativement

$$E = 20,000,000,000$$

Si le spiral était fait d'une autre substance, il faudrait prendre pour E le nombre correspondant à ce métal et que l'on trouve dans des tables publiées dans les recueils qui traitent de la résistance des matériaux.

La seconde quantité par laquelle il faut multiplier le coefficient d'élasticité pour obtenir le moment d'élasticité dépend seulement de la forme de la section transversale du fil. Les ouvrages qui traitent de la résistance des matériaux permettent d'obtenir, dans tous les cas, la valeur de cette quantité. Mais voici quelques exemples :

Si la section est un cercle, la valeur en question est $\dfrac{\pi r^4}{4}$, r étant le rayon, et, comme π est égal à 3.1416, il faudra faire la quatrième puissance du rayon, puis la multiplier par 3.1416 et diviser par 4. Alors, si l'on appelle M le moment d'élasticité, on a

$$(2) \qquad M = E \times \frac{\pi r^4}{4}.$$

Si la section est un rectangle dont la largeur soit a et l'épaisseur c, on a

$$(3) \qquad M = E \times \frac{a c^3}{12}.$$

Dans ce cas, il faut multiplier la largeur du fil par le cube de son épaisseur, diviser par 12 et multiplier le résultat par le coefficient d'élasticité. Il faut encore avoir soin que la largeur et l'épaisseur du

fil ou, quand il est rond, son rayon, doivent être
évalués par rapport au mètre, comme unité de longueur. Il est essentiel aussi de faire attention que,
quand la section du fil est un rectangle et qu'il s'a-
git d'un spiral, il faut prendre pour la largeur a le
côté du rectangle qui est parallèle à l'axe de rotation, et pour l'épaisseur e le côté de ce même rectangle qui est perpendiculaire à cet axe.

Ainsi, s'il s'agissait d'un spiral d'acier à section
rectangle, ayant $\frac{1}{2}$ millimètre de largeur et $\frac{1}{6}$ de millimètre d'épaisseur, on aurait, pour le moment d'é-
lasticité,

$$M = 30,000,000,000 \times \frac{0.0005(0.0002)^3}{12}$$

ou

$$M = 0.000003333.$$

La section transversale d'un spiral n'est pas ordinairement parfaitement rectangulaire; mais, en
général, elle s'en éloigne peu. Du reste on sait, dans
tous les cas, calculer rigoureusement le moment
d'élasticité d'une section de figure quelconque.

De plus j'ai indiqué, dans mon mémoire antérieur, un moyen expérimental et très-simple de dé-
terminer d'un seul coup le moment d'élasticité d'un
spiral, quand on possède un bout rectiligne du même
fil.

Ces préliminaires posés, je vais passer successi-
vement en revue les principaux résultats auxquels
je suis parvenu. J'observerai de suite que ceux-ci

ont toujours présenté, avec des expériences faites dans les circonstances les plus diverses, un accord aussi parfait qu'il était permis de le désirer; et ceci devait être, car il est bon d'observer que la théorie dont ils proviennent ne suppose aucune idée préconçue, aucune hypothèse gratuite, mais qu'elle émane directement de la théorie même de l'élasticité.

De la durée des vibrations d'un balancier mû par un spiral. — Une première loi très-essentielle est celle qui fait connaître la durée des vibrations d'un balancier mû par un spiral donné isochrone. La formule à laquelle je suis arrivé est la suivante :

$$(4) \qquad T = \pi \sqrt{\frac{AL}{M}}.$$

T est le temps d'une vibration simple du balancier rapportée à la seconde comme unité;

A   est le moment d'inertie du balancier;

M, le moment d'élasticité du spiral;

L, la longueur du spiral, supposé rectifié, rapportée au mètre comme unité de longueur;

π, le rapport de la circonférence au diamètre, c'est-à-dire le nombre 3.14:5926.

De là résulte la règle suivante :

Pour avoir la durée d'une oscillation simple d'un balancier mû par un spiral donné, il faut multiplier le moment d'inertie du balancier par la longueur développée du spiral; diviser le produit par le moment d'élasticité du spiral; extraire la racine quarrée du résultat et multiplier cette racine quarrée par 3.1415926. Le nombre ainsi obtenu est la durée d'une vibration simple du balancier rapportée à la seconde comme unité de temps

Ces calculs ne sont pas longs, mais on les abrége encore en faisant usage des logarithmes. Par exemple, pour un certain système d'un balancier et d'un spiral, supposons qu'on ait.

$$A = 0.0000001284971$$
$$L = 0^{m}.31895$$
$$M = 0.00006546.$$

On posera

$$\log. A = \overline{7}.1088933$$
$$\log. L = \overline{1}.5037226$$

d'où
$$\log. (AL) = \overline{\overline{8}}.6126159$$
$$\log M = \overline{6}.8159760$$

d'où
$$\log. \left(\frac{AL}{M}\right) = \overline{\overline{5}}.7966399$$

et

$$\log. \sqrt{\frac{AL}{M}} = \frac{1}{2} \log. \left(\frac{AL}{M}\right) = \overline{2}.8983199$$

puis
$$\log. \pi = 0.4971499$$

donc
$$\log. T = \overline{1}.5954698$$

et
$$T = 0''.24858$$

*Loi de la proportionnalité de la durée des vibra-
tions avec la racine quarrée de la longueur du spiral.*
— On tire comme conséquence de la formule (4),
qui donne la durée des vibrations, une loi très-essentielle et tout à fait analogue à celle qui régit les
oscillations du pendule. Elle consiste en ce que,
toutes choses égales d'ailleurs, c'est-à-dire le balancier restant le même et le spiral ne variant que par
sa longueur, la durée des vibrations change préci-
sément dans le rapport de la racine quarrée de la
longueur développée du spiral. Ainsi, de même que
la durée des oscillations du pendule varie propor-
tionnellement à la racine quarrée de sa longueur, de
même si la longueur seule d'un spiral vient à chan-
ger, mais que sa substance et sa section transversale restent les mêmes ainsi que le balancier, la
durée des vibrations du balancier variera aussi pro-
portionnellement à la racine quarrée de la longueur
développée du ressort spiral. Ce rapprochement est
d'autant plus curieux qu'il n'y a aucune espèce d'a-
nalogie entre le pendule et le spiral, tant sous le
rapport du corps en mouvement que du moteur.

C'est d'après ce principe qu'a été calculée la table
suivante, qui permet de suite de connaître la manière dont varie la durée des vibrations à mesure
que l'on change la longueur du spiral.

*Table donnant les rapports des nombres de vibrations d'un balan-
cier, dans un même temps, pour des longueurs différentes d'un
spiral.*

RAPPORT des longueurs du spiral.	RAPPORT du nombre des vibrations dans un même temps.	RAPPORT des longueurs du spiral.	RAPPORT du nombre des vibrations dans un même temps.
0.99	1,0050	0,67	1,2217
0.98	1,0101	0,66	1,2309
0.97	1,0153	0,65	1,2403
0.96	1,0206	0,64	1,2500
0.95	1,0260	0,63	1,2599
0.94	1,0314	0,62	1,2700
0.93	1,0370	0,61	1,2803
0.92	1,0426	0,60	1,2910
0.91	1,0483	0,59	1,3019
0.90	1,0541	0,58	1,3131
0.89	1,0600	0,57	1,3245
0.88	1,0660	0,56	1,3363
0.87	1,0721	0,55	1,3484
0.86	1,0783	0,54	1,3608
0.85	1,0846	0,53	1,3736
0.84	1,0911	0,52	1,3867
0.83	1,0977	0,51	1,4003
0.82	1,1043	0,50	1,4142
0.81	1,1111	0,49	1,4286
0.80	1,1180	0,48	1,4434
0.79	1,1251	0,47	1,4587
0.78	1,1323	0,46	1,4744
0.77	1,1396	0,45	1,4907
0.76	1,1471	0,44	1,5076
0.75	1,1547	0,43	1,5250
0.74	1,1625	0,42	1,5430
0.73	1,1704	0,41	1,5618
0.72	1,1785	0,40	1,5811
0.71	1,1868	0,39	1,6013
0.70	1,1952	0,38	1,6222
0.69	1,2038	0,37	1,6440
0.68	1,2127	0,36	1,6667

RAPPORT des longueurs du spiral.	RAPPORT du nombre des vibrations dans un même temps.	RAPPORT des longueurs du spiral.	RAPPORT du nombre des vibrations dans un même temps.
0,35	1,6903	0,997	1,00150
0,34	1,7150	0,996	1,00200
0,33	1,7408	0,995	1,00250
0,32	1,7677	0,994	1,0030
0,31	1,7960	0,993	1,0035
0,30	1,8257	0,992	1,0040
0,29	1,8570	0,991	1,0045
0,28	1,8898	0,990	1,0050
0,27	1,9245	0,989	1,0055
0,26	1,9612	0,988	1,0061
0,25	2,0000	0,987	1,0066
0,24	2,0413	0,986	1,0071
0,23	2,0851	0,985	1,0076
0,22	2,1320	0,984	1,0081
0,21	2,1822	0,983	1,0086
0,20	2,2361	0,982	1,0091
0,999	1,00050	0,981	1,0096
0,998	1,00100	0,980	1,0101

Je ferai remarquer que, dans cette même table, on pourrait y regarder le rapport des longueurs du spiral comme remplacé par celui des moments d'inertie du balancier, pourvu qu'alors le spiral reste le même et que ce soit le balancier qui change.

Expériences pour vérifier la durée théorique des vibrations d'un balancier et d'un spiral déterminés. — Voici les résultats d'un certain nombre d'expériences que j'ai faites en vue de vérifier : 1° la formule (4) qui donne la durée des vibrations; 2° la loi

que je viens d'exposer de la proportionnalité de cette
durée avec la racine quarrée de la longueur du spiral.

	CONSTRUCTEURS.	DURÉE d'une vibration		NOMBRE de vibrations par heure	
		par la théorie	par l'observation	par la théorie	par l'observation.
Montre (spiral plat). . . .	Lépine..	0″.20151	0″.200	17805	17770(*)
Chronomètre..	M. Winnerl.. .	0″.2436	0″.250	14482	14400
Chronomètre..	M. Paul Garnier	0″.2470	0″.250	14522	14400
Spiral cylindrique de très-grandes dimensions (acier non homogène).	M. Paul Garnier	1″.196	1″.211	3010	2973
Spiral cylindrique de très-grandes dimensions (acier non homogène).	M. Paul Garnier	1″.241	1″.247	2895	2887
Spiral cylindrique de très-grandes dimensions (acier non homogène, mais spécial n'ayant que 7 tours 1/4).	M. Paul Garnier	1″.127	1″.120	3105	3214

(*) Avec la raquette, le nombre de vibrations est 18000 ; mais il n'est que de
17770, la raquette enlevée.

On peut voir, dans mon mémoire déjà rappelé
plus haut, toutes les mesures prises sur les appareils et avec lesquelles on peut vérifier les calculs
dont les résultats sont sur le tableau ci-dessus.

*Expériences pour vérifier la proportionnalité entre
la durée des vibrations et la racine quarrée de la longueur du spiral.* — Voici maintenant une partie

des expériences faites en vue de vérifier la loi importante de la proportionnalité entre la durée des vibrations et la racine quarrée de la longueur du spiral.

MONTRE DE M. PAUL GARNIER (SPIRAL PLAT).

Le spiral a une longueur totale de $0^m.1645$.

Première observation. — On coupe un bout du spiral de $0^m.043$; la nouvelle longueur est donc de $0^m.1215$. La montre est mise à l'heure à $9^h 34'$. Puis, quand l'heure réelle est midi $49'$, elle marque $1^h 22'13''$. Donc, pendant $195'$, elle a marché de $228'.215$; d'où

Rapport des temps. . . . . $= 0.85444$
Rapport des racines quarrées des longueurs $= 0.8594$

Deuxième observation. — On a coupé un autre bout de $0^m.0365$, et la nouvelle longueur s'est trouvée de $0^m.085$.

La montre est mise à l'heure à midi $41'$. Puis, quand l'heure réelle est de $2^h 21'$, elle marque $5^h 2'30''$. Donc, pendant $100'$, elle a marché de $141'.5$; d'où

Rapport des temps. . . . . $= 0.7067$
Rapport des racines quarrées des longueurs $= 0.7188$

Si l'on compare le spiral réduit à $0^m.085$ avec ce qu'il était ayant $0^m.1215$ de longueur, on a

Rapport des temps. . . . . $= 0.8271$
Rapport des racines quarrées des longueurs $= 0.8364$

Les résultats sont, comme on voit, extrêmement rapprochés, et encore faut-il tenir compte : 1° de ce que la raquette du spiral n'avait pas été enlevée ; 2° de ce que le spiral, surtout tellement raccourci, n'est pas dans les conditions de parfait isochronisme.

MONTRE DE LÉPINE (SPIRAL PLAT).

Le spiral a une longueur totale de $0^{m}.15375$. On enlève la raquette, afin de faire disparaître cette influence qui existait dans l'expérience précédente ; puis, sans raccourcir le spiral, on observe la marche comparée avec celle d'une pendule très-régulière. A cet effet, la montre est mise à l'heure à 6^{h} 5o' du soir. Le lendemain matin, à 8^{h} 29', elle marque 8^{h} 16'. Donc, pendant 859' réelles, la montre a marché de 826'.

Première observation. — On coupe un bout de $0^{m}.0525$, ce qui réduit la longueur du spiral à $0^{m}.12125$.

On commence à observer à 6^{h} 1' du soir (heure de la pendule), la montre avançant en ce moment de $\frac{1}{10}$ de minute. Le lendemain matin, à 8^{h} 22'.2 la montre marque 10^{h} 4'. Donc, pendant 861'.2 de la pendule, la montre a marché de 962'.9, et, pendant ce temps, la montre, avec la longueur primitive du spiral, eût marché de $\frac{826}{839} \times 861'.2$; d'où

Rapport des temps. . . . . $= 0.8805$
Rapport des racines quarrées des longueurs $= 0.8880$

Deuxième observation. — On coupe encore un bout de $0^m.03075$, ce qui réduit la longueur à $0^m.0905$.

La montre est mise d'accord avec la pendule à $2^h 8'$ après midi. Le lendemain matin, à $8^h 22'.33$, elle marque juste 2 heures. Donc, pendant $1094'.33$ de la pendule, la montre a marché de $1432'$, et pendant ce même temps, la montre, avec la longueur primitive du spiral, eût marché de $\frac{826}{839} \times 1094' 33$; d'où

Rapport des temps. . . . . $= 0.7524$
Rapport des racines quarrées des longueurs $= 0.7672$

Si l'on compare le spiral réduit à $0^m.0905$ avec ce qu'il était ayant $0^m.12125$ de longueur, on a

Rapport des temps. . . . . $= 0.8545$
Rapport des racines quarrées des longueurs $= 0.8639$

Quand le spiral a été démonté, on a remarqué qu'il avait été gratté sur une certaine longueur, ainsi que cela se pratique quelquefois pour le réglage, ce qui apportait un léger trouble dans la vérification de la loi. J'ai donc fait mettre un nouveau spiral non gratté, et que j'ai observé.

MONTRE DE LÉPINE (AVEC LE NOUVEAU SPIRAL).

La longueur totale du spiral est de $0^m.1524$. Sans rien en retrancher on commence à observer à 2 heures juste (heure de la pendule). A ce moment, la montre retarde de $\frac{1}{10}$ de minute. Le lendemain matin, à $8^h,18'$, la montre marque $6^h 34'$. Donc, pendant $1098'$ de la pendule, la montre a marché de $994'$ 1.

Première observation. — On coupe un bout du spiral de $0^m.0320$, ce qui réduit la longueur à $0^m.1204$.

On commence à observer à midi $58'$ 9 (heure de la pendule). A ce moment, la montre marque midi $58'$. Le surlendemain matin, à $8^h 43'$, la montre accuse $9^h 23'.75$. Donc, pendant $2644'$ 1 de la pendule, la montre a marché de $2685'$ 75, et pendant ce même temps, la montre, avec la longueur primitive du spiral, eût marché de $\frac{994.1}{1098} \times 2644'.1$; d'où

Rapport des temps . . . . $= 0.8915$
Rapport des racines quarrées des longueurs $= 0.8889$

Deuxième observation. — On a coupé un autre

et ces deux rapports sont, pour ainsi dire, iden-
tiques.

De même si l'on compare le deuxième spiral au
troisième, on a

Rapport des temps. . . . . $= 1.1000$
Rapport des racines quarrées des longueurs $= 1.1002$

ce qui est encore, pour ainsi dire, une identité.

Enfin, entre le premier et le troisième, on a

Rapport des temps. . . . . $= 0,81818$
Rapport des racines quarrées des longueurs. $= 0,81781$

Allongements et raccourcissements proportionnels.
— Il est important de connaître la quantité dont
travaille le métal d'un spiral pendant son fonctionnement. L'élément dont on se sert pour mesurer ce
travail est ce que l'on appelle l'allongement ou le
raccourcissement proportionnel. Je l'ai désigné par
i dans mon mémoire, et j'ai démontré que la valeur
de i est exprimée par la formule très-simple

$$(5) \qquad i = \frac{e}{2}\frac{\alpha}{L}$$

dans laquelle e représente l'épaisseur du spiral
perpendiculairement à l'axe du balancier ; L, la longueur du spiral et α l'angle dont a tourné le balancier à partir de sa position d'équilibre. Mais il faut
faire attention que, dans cette formule, l'angle α ne
doit pas être exprimé en degrés, mais on doit mettre
pour α la longueur linéaire de l'arc correspondant à

cet angle dans une circonférence dont le rayon serait égal à l'unité, c'est-à-dire à 1 mètre. Quant aux dimensions e et L, elles sont rapportées au mètre comme unité.

La formule précédente montre que l'on a les lois suivantes :

1° La quantité dont le métal du spiral travaille est constante dans toute son étendue ;

2° Elle est, toutes choses égales d'ailleurs, proportionnelle à l'épaisseur du fil ;

3° Elle est, toutes choses égales d'ailleurs, en raison inverse de la longueur du fil ;

4° Elle est, toutes choses égales d'ailleurs, proproportionnelle à l'angle dont le balancier a tourné.

En résumé, si l'épaisseur du fil devenait deux, trois fois plus grande, le métal travaillerait deux, trois fois plus ; si la longueur du spiral devenait deux, trois fois plus grande, le métal travaillerait deux, trois fois moins ; si le balancier tournait d'un angle deux, trois fois plus grand, le métal travaillerait deux, trois fois plus.

Des courbes extrêmes qui terminent un spiral. — Supposons d'abord qu'il s'agisse du spiral cylindrique des chronomètres. Quand on étudie par le calcul les conditions d'isochronisme, on trouve qu'il est avantageux que le spiral réunisse les trois conditions suivantes :

1° Que le centre de gravité du spiral entier soit sur l'axe du balancier ;

2° Que le spiral, dans ses déformations, reste toujours bien cylindrique et concentrique à l'axe;

5° Que le balancier n'exerce, dans le jeu du spiral, aucune pression latérale contre ses pivots.

Le calcul n'indique pas qu'il n'y ait pas d'autre manière possible d'atteindre l'isochronisme. Mais il met celle ci-dessus tout à fait en évidence.

Il s'agit maintenant de faire voir quelles sont les courbes extrêmes qui satisfont aux conditions précédentes. Or il est remarquable que le même type de courbe les remplit toutes les trois et ce type n'est pas unique, mais comprend une infinité de formes différentes qui sont seulement assujetties à avoir leur centre de gravité placé d'une certaine façon.

Ainsi (fig. 1), si ABMC est la courbe qui ter-

Fig. 1.

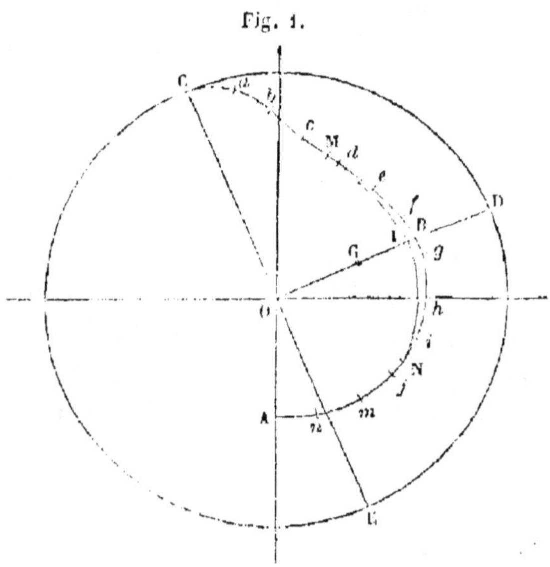

mine le spiral et si **G** est le centre de gravité de cette courbe, il faut et il suffit :

1° Que O étant le centre du spiral, OG soit perpendiculaire au rayon OC où la courbe AMC se détache des spires ;

2° Que OG soit une troisième proportionnelle au rayon OC et à la longueur ABMC de la courbe, ou que l'on ait

$$(6) \qquad OG = \frac{(OC)^2}{ABMC},$$

ou encore, pour représenter cette dernière condition par une construction, si l'on prenait sur les deux côtés d'un angle (fig. 2), HI égal à la longueur

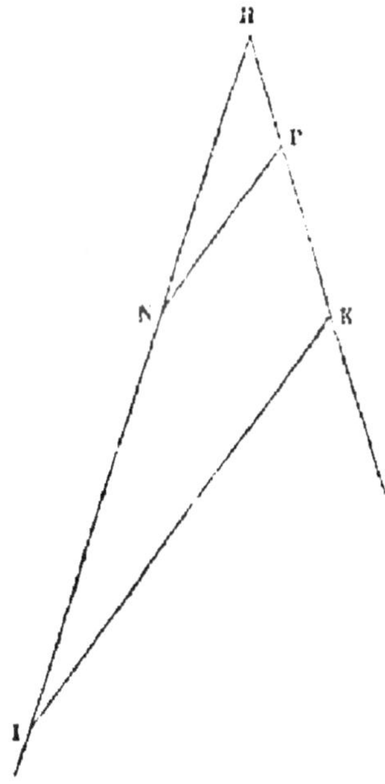

Fig. 2.

de la courbe ABMC ; puis HK égal au rayon OC des spires et HN = HK ; enfin, que l'on mène NP parallèle à IK, HP devrait être égal à OG.

Ainsi, si un spiral se termine à ses deux bouts par deux courbes parallèles de cette espèce, on sera assuré :

1° Que son centre de gravité est sur l'axe du balancier ;

2° Qu'il restera toujours, dasn ses déformations, bien cylindrique et concentrique à l'axe ;

3° Que le balancier n'exercera, dans son mouvement, aucune pression latérale contre ses pivots.

Isochronisme pratique. — Toutes ces conditions qui, ainsi que je l'ai déjà dit, sont indiquées par la théorie comme favorables pour l'isochronisme, se trouvent ainsi satisfaites à la fois. De plus, il est à remarquer qu'elles le sont, quelle que soit la position relative des deux courbes terminales l'une au-dessus de l'autre, de sorte que, sans altérer en rien ces conditions, on peut, ainsi que cela est d'usage dans la pratique, faire varier la longueur totale du spiral ou la position relative des deux courbes terminales de manière à arriver aux dernières limites d'isochronisme pratique. En effet, ces courbes résolvent la question de l'isochronisme, mais en ne tenant pas compte de certaines influences minimes qu'il est impossible de faire entrer dans les calculs, comme celles des huiles, des frottements, de l'inertie du spiral, etc. Il faut donc un peu de tâtonnements pour obtenir les dernières limites d'isochronisme, ou plutôt, comme cela se fait généralement, pour obtenir une avance de quelques secondes, par vingt-quatre heures, des petits arcs sur les grands arcs.

Nouveau moyen d'avoir les dernières limites d'isochronisme pratique. — Il arrive assez souvent qu'avec les courbes théoriques et le calibre ordinairement

employé par les constructeurs français, on a un peu
trop d'avance des petits arcs sur les grands et que
le changement de longueur du spiral ne modifie
que peu ce résultat, à cause de la suppression de
la poussée latérale et par suite du frottement du
balancier contre ses pivots. Cet effet est dû très-
probablement à l'échappement, ainsi que cela pa-
raît résulter des recherches théoriques de M. Yvon
Villarceau (*Annales de l'Observatoire impérial de
Paris*, tome VII). J'indiquerai pour corriger cet
effet un moyen que j'ai imaginé et que plusieurs
années d'expériences n'ont jamais trouvé en défaut :
c'est d'adapter sur les deux masses compensatrices
du balancier ou sur les bouts de la barrette deux
petites ailettes légères, par exemple en aluminium.
Elles sont rectangulaires et disposées perpendiculairement à la circonférence du balancier. Elles ont
toujours pour effet de diminuer l'avance des petits arcs, avec un spiral théorique. En les prenant
plus ou moins grandes, on peut graduer leur action à volonté. Ce moyen est très-simple, facile à
appliquer, et n'exige aucune déformation du spiral, et il s'applique toujours à coup sûr. Seulement, il diminue un peu l'amplitude des arcs, et,
si l'on juge celle-ci insuffisante, on est conduit à
augmenter un peu le ressort moteur, par exemple
en donnant plus de hauteur au barillet, ainsi que
le fait un de nos constructeurs qui fait usage de ce
procédé.

Autres propriétés des courbes terminales théoriques. — Les courbes extrêmes théoriques définies précédemment ont encore diverses propriétés qu'il est important de signaler :

1° Grâce à elles, la matière du spiral travaille uniformément dans toute son étendue.

2° Le spiral se déformant toujours, dans son jeu, d'une manière parfaitement cylindrique et concentrique à l'axe, on évite par là la perturbation introduite par le mouvement du spiral qui, avec une forme différente, se jette de côté et d'autre de l'axe du balancier.

3° Toute poussée latérale contre les points du balancier étant supprimée, on évite par là le frottement correspondant, et surtout les irrégularités de ce frottement résultant de l'épaississement des huiles.

Variations du rayon du spiral pendant ses vibrations. — Il est intéressant de connaître les variations que subit le rayon du spiral pendant ses vibrations. Elles sont données par les deux formules suivantes qui sont très-simples :

$$(7) \qquad r = \frac{r'_0}{1 + \dfrac{\alpha r'_0}{L}}$$

et

$$(8) \qquad r = \frac{r'_0}{1 - \dfrac{\alpha r'_0}{L}}$$

La première convient au cas où le spiral se referme ; la seconde, à celui où il s'ouvre.

Dans tous les deux, r représente le rayon du spiral déformé ; r_0, son rayon de fabrication ; L, sa longueur totale et α l'angle dont le balancier s'est écarté de sa position d'équilibre, mais estimé, ainsi qu'il a été déjà dit précédemment, en longueur d'arc dans le cercle dont le rayon est l'unité.

On tire de ces deux formules les deux suivantes, savoir :

de la première,

$$(9) \qquad r_0 - r = \frac{\dfrac{\alpha r_0^2}{L}}{1 + \dfrac{\alpha r_0}{L}}$$

et de la seconde,

$$(10) \qquad r - r_0 = \frac{\dfrac{\alpha r_0^2}{L}}{1 - \dfrac{\alpha r_0}{L}},$$

et ceci fait voir que, pour un même angle de rotation du balancier, de part et d'autre de sa position d'équilibre, la diminution du rayon du spiral, quand il se referme, est moindre que son augmentation quand il s'ouvre, ce qui est conforme à l'expérience.

Méthode pour trouver graphiquement les courbes extrêmes qui conviennent à chaque cas. — Je vais maintenant expliquer la manière de trouver, par des tracés simples, les courbes extrêmes qui conviennent à chaque cas.

Je suppose que l'on se donne (fig. 1) la position du point A et celle du point C, qui représentent les deux extrémités de la courbe ABMC que l'on cherche.

On mène le rayon extrême OC et le rayon perpendiculaire OD sur lequel doit se trouver le centre de gravité, G, de cette courbe.

Le dessin étant supposé fait à une échelle suffisamment grande (la plus commode m'a paru être de vingt à trente fois la grandeur réelle), on s'occupera d'abord d'obtenir une courbe dont le centre de gravité soit sur OD.

A cet effet, on tracera une première courbe, ABMC, de sentiment, mais tangente en C aux spires. Puis, pour vérifier, on la partagera en éléments suffisamment petits et égaux, dix ou douze par exemple, Ca, ab, bc, cd, etc.; le dernier élément An seul sera généralement plus petit que les autres. On marquera de suite le centre de gravité de chaque élément, en le considérant comme une petite ligne droite, c'est-à-dire en en marquant le milieu ou, suivant les cas, comme un petit arc de cercle, ce qui place le centre de gravité un peu dans la concavité de l'arc. Pour chacun de ces centres de gravité, on mesurera sa distance à OD et l'on modifiera celle relative à An en la multipliant par le rapport de A*n* à la longueur commune de tous les autres arcs.

Avec cette modification, il devra arriver que la somme des distances des centres de gravité qui sont d'un côté de OD soit égale à la somme des distances de ceux qui sont situés de l'autre côté.

Si cette condition n'est pas remplie, il sera très-facile de modifier l'une des deux portions de la courbe de manière à y arriver.

Ce premier point établi, il reste encore à satisfaire à la seconde condition, à savoir que la distance OG du centre de gravité au centre soit égale au quarré du rayon des spires divisé par la longueur de la courbe extrême.

Or, pour obtenir la distance du centre de gravité de la courbe du point O, on mesurera celle des centres de gravité de tous les petits arcs, C*a*, *ab*, *bc*, etc., à la ligne COE; on modifiera celle de ces distances qui répond à A*n*, en la multipliant par le rapport de A*n* à la longueur des autres petits arcs. On prendra la somme de toutes les distances qui sont à droite de CE, c'est-à-dire du même côté que B et l'on en retranchera la somme de celles qui sont de l'autre côté de CE. On multipliera le résultat par la longueur commune des éléments, C*a*, *ab*, *bc*, etc., et l'on divisera le produit par la longueur de la courbe ABMC. Ce quotient, qui donnera la distance OG, devra être égal au quarré du rayon des spires divisé par la longueur de ABMC. Cette égalité n'aura pas lieu généralement du premier coup, mais il sera facile de modifier la courbe ABMC de manière à y arriver tout en continuant de satisfaire à la première condition. En effet, supposons, pour fixer les idées, que la distance OG ainsi obtenue soit supérieure au quarré du rayon des spires divisé par la longueur de la courbe. On prendra de part et d'autre du point B deux arcs BM et BN tels que le centre de gravité de leur ensemble soit sur OD, ce qu'il sera aisé de vérifier, et l'on remplacera l'arc MBN par un arc intérieur MIN dont le centre de gravité soit aussi sur OD et dont le moment, par rapport à CE, sera évidemment moindre. Il est clair qu'on arrivera ainsi très-vite au résultat cherché, et c'est en effet par ce procédé que j'ai déterminé les tracés de courbes extrêmes qui sont joints à ce travail.

Du reste, on comprend que l'on peut facilement varier ces tâtonnements, qui sont toujours très-simples et qui conduisent très-vite au résultat cherché.

On réduira ensuite la courbe extrême à sa vraie grandeur par une courbe semblable tracée autour du centre.

On voit représentés (Pl. I, fig. 1 à 12 inclusivement) un certain nombre de types de courbes extrêmes théoriques qui ont été obtenues de la manière que je viens d'exposer. Chaque courbe est figurée de deux grandeurs, dont la plus petite est à peu près celle d'exécution.

On peut remarquer que le type de la figure 9 se
compose de deux quarts de cercle réunis par une
ligne droite ; chacun de ces quarts de cercle a un
rayon égal à la moitié de celui des spires. Le type
de la figure 11 est une demi-ellipse. Son grand axe
est égal au diamètre des spires et son petit axe en
est les 0.58. La longueur de cette demi-ellipse est
juste 0.8 de celle d'une demi-spire.

De l'effet de la température sur le spiral. — On sait
que les variations de la température influent sur la
marche d'un chronomètre ou d'une montre. On a
déjà combattu cette cause d'irrégularité par l'em-
ploi du balancier compensateur. Je me suis occupé
spécialement de l'effet produit sur le spiral cylindrique par la dilatation. Celle-ci, en déformant le
spiral, altère sa forme qui peut cesser d'appartenir
rigoureusement à un des types théoriques ; de plus,
si le spiral était, en construction, monté librement
sur le balancier, il peut, par la même cause, cesser
de l'être et devenir gêné dans les encastrements de
ses extrémités. Ces effets sont sans doute très-
minimes, mais ils existent. Or j'ai démontré que si
les courbes extrêmes du spiral sont d'un des types
théoriques aboutissant au centre des spires, les deux
effets dont il est question ne se produisent plus par
les changements de température. J'ai même fait
voir que le spiral serait encore soustrait à ces per-
turbations, avec des courbes théoriques quel-

conques, c'est-à-dire aboutissant ou n'aboutissant pas au centre des spires, pourvu que, dans ce dernier cas, la connexion des extrémités du spiral à l'axe eût lieu par des pièces du métal même dont est formé le spiral, c'est-à-dire très-généralement d'acier.

Du spiral plat. — La théorie indique, conformément du reste à l'expérience, que le spiral plat ordinaire ne se prête guère qu'à un isochronisme relatif. Elle fait voir qu'il faut alors que le spiral soit construit de telle sorte que son centre de gravité soit sur l'axe du balancier.

On améliore cependant beaucoup les résultats en faisant usage du spiral à courbe ramenée, et il convient alors de prendre pour cette courbe un des types théoriques que j'ai décrits précédemment. Il en existe déjà d'assez nombreux exemples.

Expériences sur la déformation de spiraux munis de courbes extrêmes théoriques. — Je passe maintenant aux expériences que j'ai faites au sujet des courbes terminales des spiraux, en commençant par celles qui sont relatives à la déformation des spiraux pendant leur fonctionnement.

A cet effet, j'ai fait faire par M. Paul Garnier des spiraux d'un très-grand diamètre. On a donné aux uns des courbes extrêmes théoriques, puis aux autres des courbes quelconques, afin de juger de la différence. Ces spiraux peuvent être rangés par groupes de deux. Ces groupes diffèrent entre eux par l'angle de développement de la courbe extrême autour du centre des spires ; mais, pour les deux spiraux d'un même groupe, cet angle est le même ; seulement, l'un d'eux a des courbes extrêmes théoriques et l'autre, des courbes non théoriques. La planche II, figures 1 à 14, montre, pour les spiraux groupés de cette façon, le résultat des déformations qui ont été relevées expérimentalement. Chaque cercle a été obtenu au moyen de quatre ou cinq points. Le cercle, en trait plein, indique ce qu'était le spiral en équilibre ; les cercles, en pointillé, montrent ce qu'il est devenu dans les déformations extrêmes. Or on voit, d'après les tracés, que, avec les courbes terminales théoriques, les trois cercles répondant à un même spiral sont toujours restés bien concentriques et qu'il s'en faut de beaucoup qu'il en soit ainsi pour les spiraux qui avaient des courbes non théoriques.

Les numéros inscrits sur la circonférence des cercles sont ceux qui ont été effectivement relevés pour les tracer.

J'ajouterai que tous les appareils qui ont été faits depuis ont toujours donné le même résultat.

Expériences sur la progression de force des spiraux munis de courbes extrêmes théoriques ou non théoriques. — J'ai fait de nombreuses expériences sur le degré plus ou moins approché de proportionnalité entre les forces nécessaires pour tenir le balancier écarté de sa position d'équilibre et les angles d'écartement correspondants. Ces expériences ont eu lieu sur de très-grand spiraux construits *ad hoc* par M. Garnier, et pourvus les uns de courbes théoriques, les autres de courbes non théoriques. Elles ont été faites à l'aide d'une balance élastique d'une très-grande précision, par conséquent par le procédé employé anciennement par F. Berthoud, mais perfectionné par les moyens plus précis dont on dispose maintenant. Les résultats de ces expériences sont compris tout au long en huit tableaux dans mon mémoire original. Je me bornerai ici à dire qu'ils constatent invariablement une proportionnalité beaucoup plus parfaite entre l'action du spiral sur le balancier et l'angle d'écartement correspondant du balancier, pour les spiraux terminés par des courbes théoriques, que pour ceux munis de courbes extrêmes non théoriques.

Depuis la rédaction de mon mémoire, un grand nombre de chronomètres ont été construits d'après les principes théoriques qui y sont exposés.

Paris. — Imprimé par E. Thunot et Cⁱᵉ, rue Racine, 26.

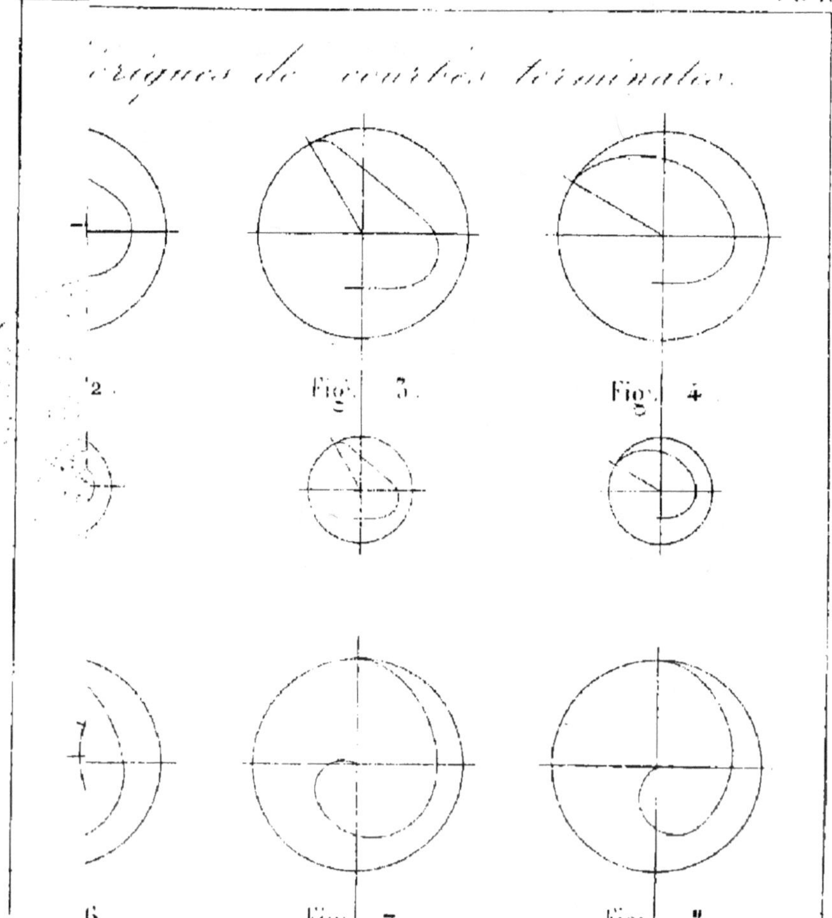
...riques de courbes terminales.
Fig. 2.
Fig. 3.
Fig. 4.
6.
Fig. 7.
Fig. 8.

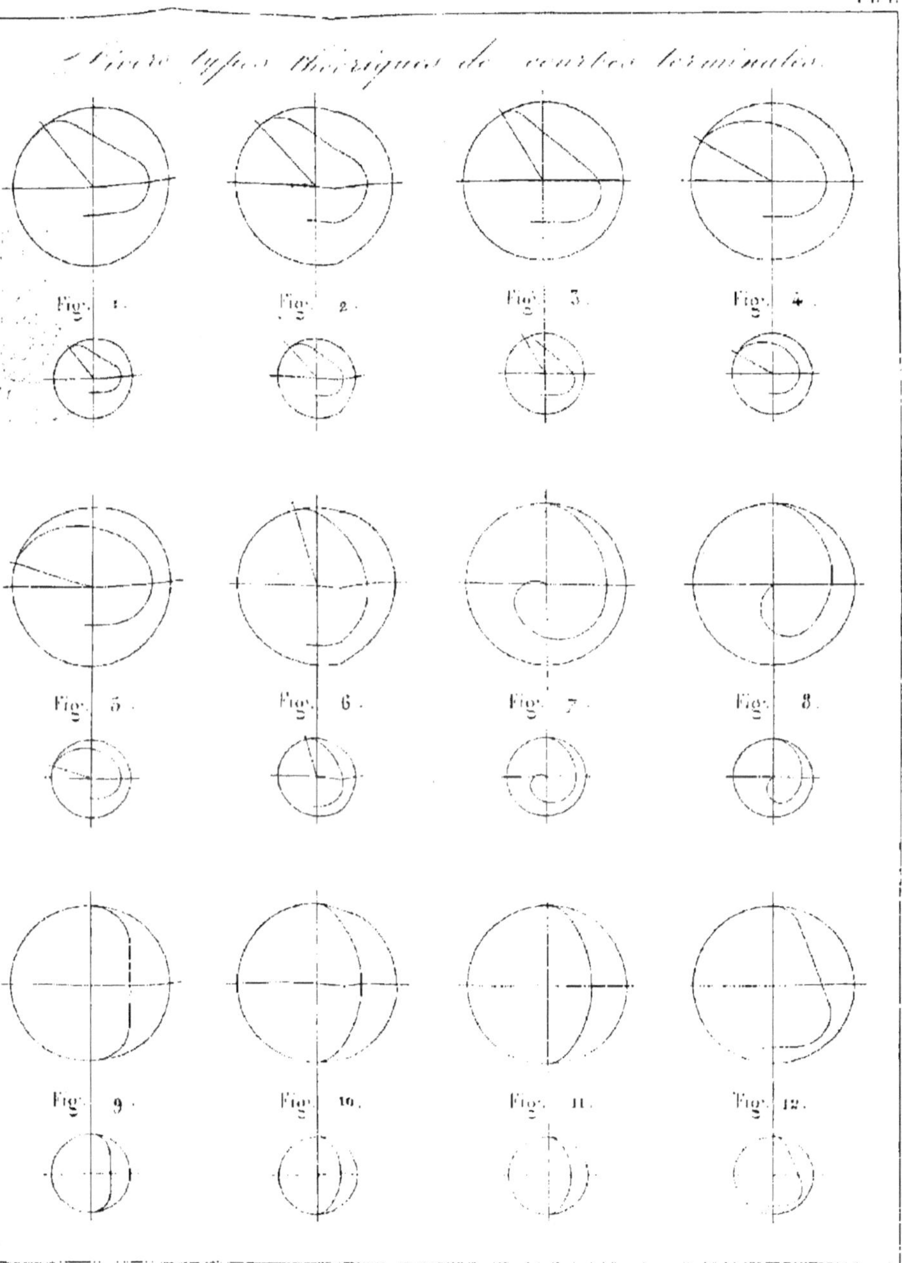

Divers types théoriques de courbes terminales.
Fig. 1.
Fig. 2.
Fig. 3.
Fig. 4.
Fig. 5.
Fig. 6.
Fig. 7.
Fig. 8.
Fig. 9.
Fig. 10.
Fig. 11.
Fig. 12.

RELEVÉ D'EXPÉRIENCES

faites

AVEC UN SPIRAL CYLINDRIQUE

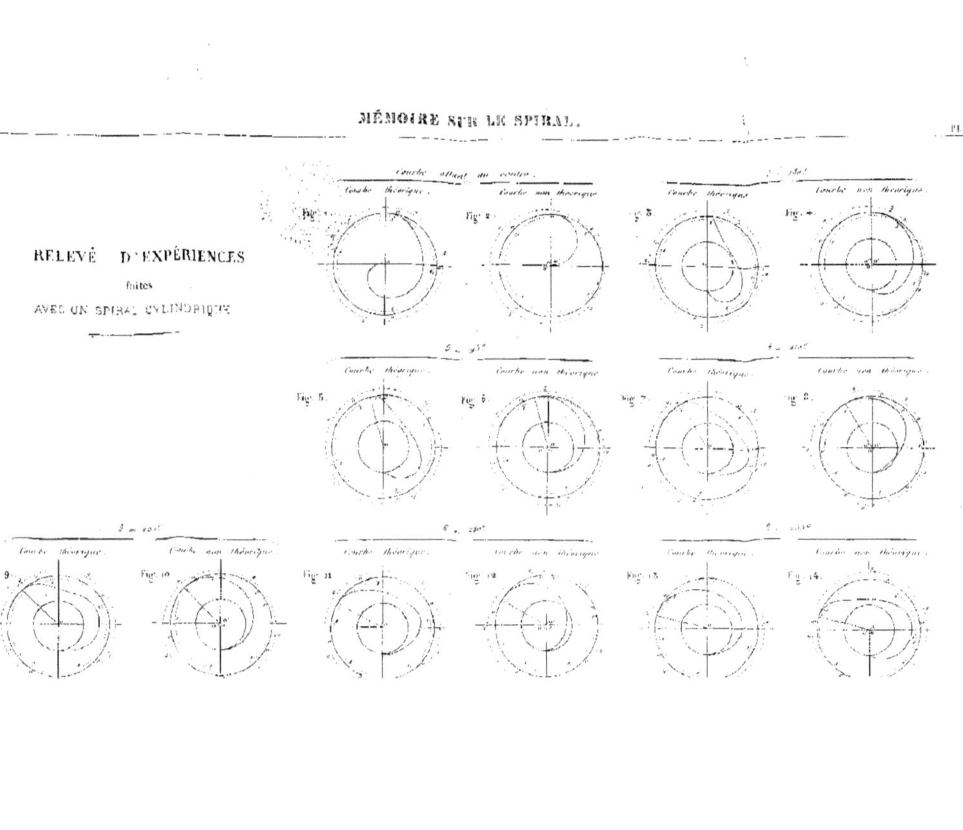

9 782329 658674